Bibliografische Information der Deutschen Nationalbibliothek:

Die Deutsche Bibliothek verzeichnet diese Publikation in der Deutschen National-
bibliografie; detaillierte bibliografische Daten sind im Internet über http://dnb.d-
nb.de/ abrufbar.

Impressum:

Copyright © 2018 GRIN Verlag
Druck und Bindung: Books on Demand GmbH, Norderstedt Germany
ISBN: 9783668926745

Dieses Buch bei GRIN:

https://www.grin.com/document/463461

Anonym

Unbewusste Beeinflussung des menschlichen Verhaltens durch Big Data

GRIN Verlag

GRIN - Your knowledge has value

Der GRIN Verlag publiziert seit 1998 wissenschaftliche Arbeiten von Studenten, Hochschullehrern und anderen Akademikern als eBook und gedrucktes Buch. Die Verlagswebsite www.grin.com ist die ideale Plattform zur Veröffentlichung von Hausarbeiten, Abschlussarbeiten, wissenschaftlichen Aufsätzen, Dissertationen und Fachbüchern.

Besuchen Sie uns im Internet:

http://www.grin.com/

http://www.facebook.com/grincom

http://www.twitter.com/grin_com

Portfolio

Big Data: wissenschaftliche, gesellschaftliche und politische Auswirkungen

Sommersemester 2018

Wirtschaftsingenieurwesen

Paderborn, 13. August 2018

Inhaltsverzeichnis   **Seite**

1 Einleitung

Big Data beschreibt ein verhältnismäßig junges Themengebiet, welches seit einiger Zeit flächendeckendes Interesse auslöst. So befand sich die Technologie im Jahr 2013 auf dem Höhepunkt des Gartner Hype Cycle [Gar13]. Es handelt es sich jedoch um mehr als nur einen Hype, da sich Big Data längst in zahlreichen Bereichen des Lebens manifestiert hat, von der alltäglichen Nutzung sozialer Plattformen bis hin zur Forschung an Zukunftstechnologien. Die dementsprechend große Spannweite des Themas lässt eine genaue Eingrenzung des Einflussbereichs kaum noch zu. Aus eben diesem Grund wurde Big Data trotz seiner Neuheit seit 2015 nicht weiter als aufkommende Technologie im Gartner Hype Cycle aufgeführt [Gar14]. Die wachsende Bedeutung der Thematik wurde vor allem durch Faktoren wie steigende Prozessorleistung und sinkende Kosten von Speicherkapazität, welche durch Moore's Gesetz beschrieben werden, begünstigt [Esp14]. Ebenso gilt die Durchdringung nahezu aller Bevölkerungsschichten von Geräten wie Smartphones, Smartwatches oder digitaler Assistenten, welche als Sensoren vieler Arten fungieren, als Katalysator von Big Data. Sowohl Unternehmen, private Institutionen als auch Regierungen sehen gleichermaßen ein enormes Potential in der Nutzung dieser Technologie als Werkzeug zur Datensammlung und -analyse. Die jeweiligen Ziele und die damit verbundenen Auswirkungen unterscheiden sich hingegen deutlich.

Trotz des hohen Bekanntheitsgrads dieser Technologie variiert das Verständnis des Terminus Big Data innerhalb der Bevölkerung teilweise stark. Aus diesem Grund werden im folgenden Kapitel drei unterschiedliche Begriffsdefinitionen erläutert.

2   Definition: Big Data

Um eine zielgerichtete Erörterung der Auswirkungen von Big Data zu ermöglichen, müssen zunächst der Begriff selbst und der damit verbundene Einflussbereich möglichst treffend gefasst und eingeordnet werden. Zu diesem Zweck werden im Folgenenden drei verschiedenartige Definitionen präsentiert und kurz diskutiert.

> 1) Big Data is the Information asset characterized by such a High Volume, Velocity and Variety to require specific Technology and Analytical Methods for its transformation into Value.

> DE MAURO et al.: A formal definition of Big Data based on its essential features [DGG16]

In der oben gezeigten Begriffsdefinition nach DE MAURO et al. wird Bezug auf das Modell der *Three V's* [GH14] genommen, welches erstmals im Gartner IT Glossar publiziert wurde. In diesem wird Big Data durch seine drei Kernattribute *Volume*, *Velocity* und *Variety* beschrieben. Während mit *Volume* die Menge der aufgenommenen und zu verarbeitenden Daten gemeint ist, bezeichnet *Velocity* die Geschwindigkeit, mit welcher diese erfasst und analysiert werden. *Variety* weist auf die strukturelle Heterogenität innerhalb der Datensätze hin, welche sowohl in geordneter als auch vollkommen ungeordneter Form vorliegen können [GH14]. Weiterhin sprechen DE MAURO et al. die spezielle Methodik und Technologie an, welche zum Umgang mit Big Data benötigt werden. Erst mithilfe dieser kann aus den verarbeiteten Daten ein Wert (*Value*) generiert werden. Dieser stellt ein weiteres Attribut dar, welches den *Three V* durch Oracle hinzugefügt wurde und bezeichnet die verhältnismäßig geringe Wertdichte der Daten. Um eine substantielle Wertschöpfung zu erreichen, ist demnach die Analyse vieler Datensätze nötig [GH14]. Eine Konkretisierung des Begriffs *Value* wird hier allerdings nicht vorgenommen, weshalb dieser sowohl monetärer, wissenschaftlicher, als auch soziokultureller Natur sein kann.

> 2) Mit "Big Data" werden große Mengen an Daten bezeichnet, die u.a. aus Bereichen wie Internet und Mobilfunk, Finanzindustrie, Energiewirtschaft, Gesundheitswesen und Verkehr und aus Quellen wie intelligenten Agenten, sozialen Medien, Kredit- und Kundenkarten, Smart-Metering-Systemen, Assistenzgeräten, Überwachungskameras sowie Flug- und Fahrzeugen stammen und die mit speziellen Lösungen gespeichert, verarbeitet und ausgewertet werden.

> Prof. Dr. BENDEL, Hochschule für Wirtschaft & Wirtschaftsinformatik [Ben18]

Eine weitere Definition des Begriffs Big Data stammt von Prof. Dr. BENDEL, dessen Fachbereich in der Wirtschaftsinformatik liegt. Auch er thematisiert die Menge der Daten, im Gegensatz zu DE MAURO et al. nennt er jedoch zusätzlich konkrete Bereiche sowie Quellen, aus denen die jeweiligen Daten gewonnen werden. Auf diese Weise lenkt er den Fokus auf die Vielfältigkeit und Verschiedenartigkeit dieser, wodurch die hohe Spannweite von Big Data aufgezeigt wird. Weiterhin zählt BENDEL Speicherung, Verarbeitung und Auswertung als zentrale Schritte in der Anwendung der Technologie auf und bezieht somit neben der Erfassung der Daten auch notwendige nachgelagerte Vorgänge mit ein.

3) Big data is a combination of Volume, Variety, Velocity and Veracity that creates an opportunity for organizations to gain competitive advantage in today's digitized marketplace.

SCHROECK et al.: Analytics - The real-world use of big data [SSS+12]

Die Begriffsdefinition nach SCHROECK et al. greift ebenfalls die Attribute *Volume*, *Variety* und *Velocity* auf und fügt diesen als vierte Eigenschaft *Veracity* hinzu. Ursprünglich geprägt von IBM bezeichnet diese die mangelnde Verlässlichkeit der vorhandenen Daten und den damit einhergehenden eingeschränkten Grad der Richtigkeit [GH14]. Da bestimmte Quellen durch möglicherweise fehlerhafte Messung oder Einflüsse durch subjektive Bewertung und Interpretation von Natur aus nur bedingt verlässlich sind, können aus diesen entnommene Daten fehlerbehaftet und verzerrt sein. Diese Eigenschaft, welche von MAYER-SCHÖNBERGER und CUKIER als „Unschärfe" [MC13] betitelt wird, muss bei anschließender Analyse berücksichtigt werden. SCHROECK et al. stellen Big Data in ihrer Definition in den Kontext der allgemeinen Digitalisierung und legen den Schwerpunkt auf die Nutzung dieser Technologie als Werkzeug zur finanziellen Gewinnmaximierung von Unternehmen. Die Definition kann somit als indirekte Vorhersage eines Wettlaufs digital orientierter Unternehmen in der Adaption von Big Data interpretiert werden.

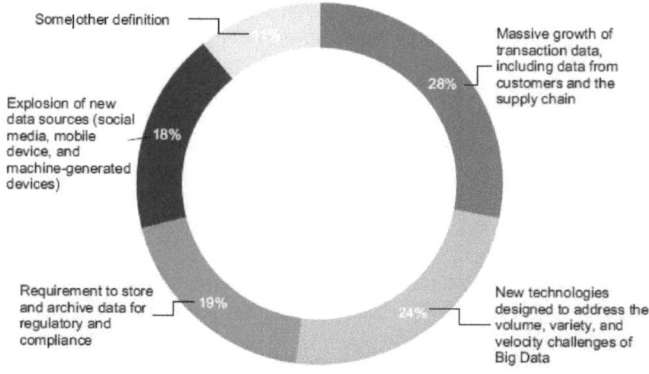

Abbildung 2.1: Definitionen zu Big Data [GH14]

Abbildung 2.1 zeigt eine Darstellung der Inhalte von weiteren Definitionen des Begriffs Big Data, welche aus einer Online-Umfrage von 154 globalen Führungskräften im April 2012 gewonnen wurden [GH14]. An dieser ist abzulesen, dass sich ein Großteil der Definitionen in vier Kernthemen ähneln: Es werden sowohl der Anstieg des Volumens aufkommender Daten (28%), deren Verschiedenartigkeit und Geschwindigkeit (24%) als auch die wachsende Notwendigkeit der Speicherung von Daten (19%) aus zunehmend neu entstehenden Quellen (18%) thematisiert. Diese können somit als zentrale Attribute der Technologie Big Data bezeichnet werden.

Im weiteren Verlauf dieses Portfolios wird daher diskutiert, welche Auswirkungen auf Individuen und die Gesellschaft an sich durch Big Data hervorgerufen werden.

3   Behandlung der Forschungsfrage

Wie bereits in Kapitel 1 und 2 angesprochen, hat die Revolution im Kontext von Big Data weitreichende Auswirkungen auf verschiedenste Aspekte des Lebens. Die Zielsetzungen der jeweiligen Akteure variieren dabei von rein monetär orientierter Gewinnmaximierung über politische Machtzunahme bis hin zu Überwachung und Kontrolle von ganzen Bevölkerungsgruppen. Zur Erreichung dieser werden verschiedenste Instrumente verwendet, die direkt oder indirekt Einfluss auf Menschen und insbesondere ihr Verhalten haben. Welche Folgen aus dem Einsatz dieser Instrumente resultieren, soll in diesem Kapitel anhand von ausgewählten Themenbereichen im Detail erörtert werden. Als zentrale Forschungsfrage dieses Portfolios ergibt sich somit folgende:

Wie wird menschliches Verhalten durch Big Data unbewusst beeinflusst?

Zur Beantwortung dieser Frage werden in den folgenden Unterkapiteln fünf Aspekte der Thematik ausgewählt und näher beleuchtet.

3.1   Konsumverhalten

Entsprechend der Definition nach SCHROECK et al. bietet Big Data eine Möglichkeit für Organisationen, in der zunehmend digitalen Welt einen Wettbewerbsvorteil zu erlangen [SSS+12]. Für Unternehmen bedeutet dies speziell die Gewinnmaximierung durch gezielte Beeinflussung des Konsumverhaltens bestehender sowie vor allem potenzieller Kunden. Da im Rahmen von Big Data immer mehr Daten gesammelt, gespeichert und analysiert werden können, sind digital orientierte Dienstleistungsanbieter wie beispielsweise Betreiber sozialer Netzwerke in der Lage, Wissen über ihre Nutzer zu generieren. Im Fokus stehen dabei besonders deren Interessen und Vorlieben, da sich aus diesen ableiten lässt, welche Produkte und Dienstleistungen auf den jeweiligen Nutzer attraktiv wirken könnten. Auf diese Weise ist es möglich, auf das jeweilige Profil zugeschnittene Werbung einzublenden. Auch vor der Verbreitung des Phänomens Big Data war dieses Vorgehen eine Option, die Profitabilität stieg jedoch erst durch die konstant sinkenden Kosten der Datenverarbeitung (siehe MOORE's Gesetz) ausreichend an, um ein relevantes Geschäftsmodell darzustellen. [Esp14]

Das Ziel vieler Unternehmen besteht somit darin, das aus dem wachsenden Datenpool gewonnene Wissen über Nutzer mithilfe von personalisierten Werbeanzeigen und individuell zugeschnittenen Produktvorschlägen in Profit zu transformieren. Durch die datengestützte Analyse des bisherigen Kaufverhaltens wird bestimmt, welches Produkt beziehungsweise welche Dienstleistung mit der höchsten Wahrscheinlichkeit von dem jeweiligen Nutzer in Anspruch genommen wird. Im Zentrum dieser Praktik steht dementsprechend die Vorhersage des Nutzerverhaltens und dessen gezielte Steuerung.

Auch wenn die Verwendung von personalisierter Werbung zur Umsatzsteigerung ein weitestgehend bekanntes Verfahren ist, sind die Effekte es nicht zwingend. Inwiefern das Konsumverhalten beeinflusst wird hängt stark von dem jeweiligen Konsumenten ab. Bei besonders anfälligen Personen reichen die Auswirkungen bis hin zur Unterstützung der Entwicklung kompulsiven Verhaltens oder im Extremfall sogar ausgeprägten Formen von Kaufsucht [Esp14]. Durch die stetige Präsenz von Produktvorschlägen, die das Interesse des potenziellen Käufers treffen, ist eine generelle Anregung dessen Konsums naheliegend. Dabei steht jedoch häufig die simple Erhöhung des Umsatzes des Werbetreibenden deutlich mehr im Fokus als die Schaffung eines Nutzenzuwachses des Kunden. Es kann daher argumentiert werden, dass auf diese Weise mehr Produkte und Dienstleistungen verkauft werden, die der jeweilige Käufer ohne die entsprechende Werbung nie erworben hätte. [TP13]

Eine weitere Auswirkung von Big Data auf den Handel im digitalen Raum ist die wachsende Informationsasymmetrie zwischen Anbieter und potenziellem Kunden. Während Ersterer durch die Analyse umfangreicher Nutzerdaten über ein Profil der Präferenzen des Letzteren verfügt, stehen diesem nur begrenzte Informationen offen. Diese Asymmetrie führt dazu, dass das Unternehmen eine Einschätzung des Reservationspreises des jeweiligen Nutzers durchführen und seinen Güter- oder Dienstleistungspreis entsprechend anpassen kann, um seine Produzentenrente zu maximieren [TP13]. TENE et al. vergleichen diese Situation treffend mit einem Pokerspiel, in dem ein Spieler mit offener und ein anderer mit verdeckter Hand spielt [TP13, S. 255].

Die durch Gewinnmaximierung angetriebene Umwandlung von Kundeninformationen in Konsum führt weiterhin zur Einbettung von Konsummöglichkeiten in zahlreiche technische Geräte (z.B. Smartwatches, Digital Assistants). Dies wird bereits in der Designphase von technischen Produkten berücksichtigt und formt somit die Art und Weise, wie Nutzer mit diesen interagieren, was zwangsläufig Rückwirkungen auf die Nutzer selbst hat. [Esp14]

Diese Veränderungen gilt es zukünftig sowohl empirisch als auch ethisch bezüglich ihres Effekts auf das Nutzerverhalten zu überprüfen, um ungewollte Auswirkungen zu vermeiden. Zu welchen Effekten die Bildung von sozialen Persönlichkeitsprofilen aus Nutzerdaten, welche personalisierter Werbung zugrunde liegt, führt, wird in Kapitel 3.2 näher betrachtet.

3.2 Social Profiling

Die Akkumulation personenbezogener Daten und Aggregation zu individuellen Profilen durch Big Data (speziell Dataveillance & Big Data Analytics) wird allgemein als Social Profiling bezeichnet. Diese Profile werden vor allem von Marketing-Agenturen verwendet, um Konsumenten mit bestimmten Eigenschaften zu identifizieren, damit werbetreibende Unternehmen mehr Informationen über ihre potenziellen Kunden erlangen.

Ein Schritt in der daten-basierten Profilierung von Konsumenten ist die Segregation in *waste* und *targets* [Tur11]. Diese bezeichnen Kundengruppen, die für den jeweiligen Werbetreibenden entweder irrelevant sind (*waste*) oder seiner Zielgruppe entsprechen (*targets*). Auf diese Weise sortierende Vermarktende die Konsumenten und filtern die potenziellen Kunden heraus, welche für den Werbetreibenden als besonders wertvoll einzustufen sind. Basierend auf besuchten Internetseiten, online geführten Konversationen und Beziehungen zu anderen Verbrauchern werden den Kunden somit systematisch „marketing labels" [Tur11, S.14] angehängt, die es ermöglichen, sie nach ihrem jeweiligen Wert für das Unternehmen zu klassifizieren. Die individuellen Profile enthalten dabei neben der genannten Segregation in *waste* und *targets* zahlreiche weitere Informationen über beispielsweise Geschlecht, Alter, Einkommensniveau, Konsumverhalten, Interessen und persönliche Eigenschaften. Die Implikationen dieser Profilierung auf die Betroffenen gehen dabei weit über personalisierte Werbeanzeigen hinaus. [One16]

> „Being poor [...] is getting more and more dangerous and expensive."
> – Cathy O'NEIL [One16, S. 159]

Eine der Auswirkungen von personenbezogener Profilbildung auf Basis digital akkumulierter Daten ist die Erzeugung von Folgereaktionen aufgrund spezieller Eigenschaften, die einem Konsumenten zugeordnet wurden. Als prägnantes Beispiel lässt sich hier die Profilierung einer Person als einkommensschwach und finanziell instabil sehen. Diese kann zu einer geminderten Einstufung der Kreditwürdigkeit und dementsprechend höheren Zinsen auf Finanzprodukte (z.B. Kredite) führen, welche die finanzielle Situation der betroffenen Person weiter erschweren [One16]. Ebenfalls anzuwenden ist diese Problematik auf das Beispiel einer Person, die durch eine Präferenz für Werbungen, welche Fast Food oder ähnliche Produkte beinhalten, als diesen gegenüber positiv eingestellt eingestuft wurde. Entsprechend des Profils würden zunehmend mehr Produktvorschläge angezeigt, die Fast Food oder andere nicht gesundheitsförderliche Konsumprodukte enthalten. Dies kann verhaltensverstärkend wirken und die Person so unbewusst dazu bewegen, sich Übergewicht oder anderen körperlichen Problemen auszusetzen. [One16]

Diese Unterstützung bereits vorhandenen Verhaltens wird als „Labelling approach" beschrieben und bezeichnet das Phänomen, in dem die Stigmatisierung einer Person mit bestimmten Eigenschaften zur realen Übernahme dieser Eigenschaften führen kann. Die Aneignung von Attributen des Profils einer Person zum Beispiel durch zunehmende Selbstidentifizierung mit jenen wird ebenfalls als „self-fulfilling prophecy" bezeichnet und ist thematisch im Thomas-Theorem wiederzufinden. [One16]

Die Ausrichtung der angezeigten Inhalte anhand vorhandener Informationen über den Betrachter kann weiterhin zur Bildung sogenannter „filter bubbles" [Par13, S. 1] bzw. „echo chambers" [LS18, S. 18] führen. Pariser nennt an dieser Stelle drei neuartige Dynamiken, die dieses Phänomen von anderen Formen der Inhaltsfilterung differenziert:

„First, you're alone in it." [Par13, S. 10] – Im Gegensatz zu z.B. Fernsehsendern, die ihr Programm an einem bestimmten Publikum ausrichten, bildet sich für jedes Individuum eine eigene Filterblase. Dies führt dazu, dass Informationsgrundlagen sich zwischen Personen teilweise deutlich unterscheiden und Diskussionen so behindern

„Second, the filter bubble is invisible." [Par13, S. 10] – Da dem Konsumenten die Zielsetzung der Partei, die für die Inhaltsfilterung verantwortlich ist, nicht hinreichend bekannt ist, ist es ihm nahezu unmöglich, die entstehende Verzerrung bewusst zu korrigieren. Die getroffenen Annahmen, die zu dem jeweiligen Filter führen, treffen nicht zwangsläufig mit den realen Eigenschaften der Person überein. PARISER argumentiert somit, dass es von innerhalb der Filterblase nahezu unmöglich ist, das Ausmaß des Bias zu erkennen.

„Finally, you don't choose to enter the bubble." [Par13, S. 11] – Statt sich die Art der Weltansicht des gewählten Informationsmediums auszusuchen, wird diese dem Konsumenten durch personalisierte Filter unbewusst auferlegt. Da diese, wie bereits in Kapitel

3.1 behandelt, als Instrument zur Umsatzsteigerung des betreibenden Unternehmens eingesetzt werden, wird es zunehmend komplizierter, sie zu umgehen. Auch MAYER-SCHÖNBERGER sieht es als immer schwieriger werdend an, „sich als Individuum in der Masse der Daten erfolgreich zu verstecken" [MC13, S. 242]. Erschwerend kommt hinzu, dass die Berechenbarkeit der Reaktionen von Konsumenten von Vorteil für diese Unternehmen ist. Demnach liegt es in ihrem Interesse, ein möglichst eingeschränktes und somit kalkulierbares Sichtfeld für den jeweiligen Betrachter zu erzeugen, welches ihn mit Meinungen und Ansichten konfrontiert, die seine eigenen Werte reflektieren. [Par13]

> „[P]eople can live in idea cocoons of their own making,
> or of their making in collaboration with people who agree with them."
> - Joseph TUROW, [Tur11, S. 22]

Neben den benannten Effekten auf Individuen wirkt sich Social Profiling auch auf gesellschaftlicher Ebene aus. Durch zunehmende Angleichung der angezeigten Inhalte ordnen die Profilierungs-Algorithmen Menschen in Gruppen Gleichgesinnter ein, in denen übereinstimmende Interessen, Werte und Meinungen geteilt werden. Dies schränkt den Diskurs zwischen Personen weiter ein, da Auseinandersetzungen mit konfligierenden Ansichten unterdrückt werden. TUROW sieht in dieser Problematik eine Gefährdung der Demokratie, weil die Informationsfreiheit, welche dieser zugrunde liegt, durch Filterblasen eingedämmt wird. [Tur11]

Weiterhin argumentiert TUROW, dass durch die individuelle Bewertung eines Konsumenten auf Basis seines Profils, dieses in seine Reputation übergeht [Tur11, S. 12]. Auf diese Weise entscheiden Werbetreibende durch die Produktvorschläge, welche sie Konsumenten unterbreiten, über deren Wert und ihre Identität und geben ihnen verdeckt vor, wer sie sein sollen. Social Profiling ist somit in der Lage zu entscheiden, wie Menschen sich selbst und auch andere Menschen sehen. [Tur11]

Eine der Gefahren dieser Entwicklung ist die mangelnde Transparenz der zugrundeliegenden Algorithmen. Ohne ein ausreichendes Verständnis der ablaufenden Mechanismen kann es bei der Profilierung von Personen zu Verzerrungen und Diskriminierung kommen, welche ethisch und in einigen Fällen rechtlich fragwürdig sind, jedoch durch mathematische Algorithmen verhüllt sind [One16]. Dieser „black-box approach" [Tur11, S. 14], wie TUROW das Vorgehen betitelt, kann zu unvorhergesehen Langzeitauswirkungen führen, denen es vorzubeugen gilt. Da die verantwortlichen Unternehmen hauptsächlich nach monetären Zielen agieren, liegt die Pflicht hier beim Verbraucher, Kontrolle zu übernehmen und die Verantwortung gegenüber kommenden Generationen zu tragen. [Tur11]

> „If we're not careful, we're going to develop the psychological equivalent of obesity. We'll find
> ourselves consuming content that is least beneficial for ourselves or society as a whole."
> – danah BOYD [Par13, S. 13]

3.3 Privatsphäre & Sicherheit

Die Auswirkungen auf Sicherheit und Privatsphäre durch wachsende Überwachung und Kontrolle gehören zu den meist diskutierten Themen im Kontext von Big Data. Welche

Effekte auf das menschliche Verhalten durch diese hervorgerufen werden, soll in diesem Kapitel untersucht werden.

FUCHS stellt für die Beschreibung des Zusammenhangs zwischen Privatsphäre und Sicherheit vier unterschiedliche Modelle dar. *Reductionism* sieht die Privatsphäre der allgemeinen Sicherheit als untergeordnet an und erklärt z.b. unter Bezug das *Nothing-to-hide-argument*, dass jene zum Zweck der Gewährleistung der Sicherheit eingeschränkt werden müsse [Fuc13, S. 5]. *Projectionism* vertritt die entgegensetzte Annahme der absoluten, bedingungslosen Privatsphäre, welche sogar auf Kosten der Sicherheit geschützt werden müsse (*privacy-first-argument*). In dem Modell *Dualism* werden die beiden Werte als weitestgehend unabhängig voneinander und autonom sowie gleichzeitig erreichbar beschrieben. *Dialectic* sieht sie hingegen als unterschiedlich, aber dennoch verbunden und aufeinander aufbauend an.

Eine heute weitläufig vertretene Ansichtsweise spiegelt die des Reductionism wieder. Besonders im digitalen Raum seien Menschen häufig bereit, ihre Daten und damit einen Teil ihrer Privatsphäre im Tausch gegen mehr Sicherheit abzugeben. Auch ein im Gegenzug angebotener finanzieller Vorteil oder die Möglichkeit der Nutzung einer Dienstleistung können Motivationen darstellen. Die Implikationen der aufgegebenen Daten sind jedoch häufig nicht in ihrem vollen Umfang erkennbar, so werden indirekte, zukünftig mögliche Rückwirkungen oftmals nicht berücksichtigt (z.B. Einfluss auf Versicherungskosten durch besuchte Internetseiten) [Esp14]. Erschwerend kommt hinzu, dass der Wert der Informationen im Kontext von Big Data nicht in dem Zweck der Sammlung, sondern in der Wiederverwendbarkeit liegt. Diese sorgt dafür, dass Unternehmen Nutzer im Vorfeld nicht ausreichend über die Nutzung ihrer Daten aufklären können und diese somit nicht wissen können, wie ihre Daten in Zukunft verwendet werden. [MC13]

Gleichzeitig entsteht durch die zunehmende Datensammlung von digitalen Unternehmen (z.B. Facebook, Google) oder auch Regierungen ein wachsendes Misstrauen vonseiten der Nutzer. Die Angst vor digitaler „*omniscience*" [Sch14, S. 9], einer Form von Allwissenheit durch Daten, die ein umfänglichen Verständnis des menschlichen Verhaltens erlaubt, führt daher in vielen Fällen zu einer überproportionalen Gegenreaktion. So motiviert die Angst vor extensiver Überwachung durch den Staat oder Unternehmen manche Konsumenten zu erhöhter Geheimhaltung. Als Instrumente sind beispielsweise die Verwendung von Pseudonymen und die gezielte Fälschung von Daten zu nennen. Diese Reaktion wird auch als „chilling effect" [Sta12], eine Art Abschreckwirkung, beschrieben. Es kommt somit zu einem Wettkampf um den Gewinn von Daten zwischen den beiden Seiten, welchen LANIER treffend als „arms race" [Lan14] deklariert.

> „The effects of Big Data on privacy and society will be a game of three-dimensional chess"
> – Jay STANLEY [Sta12]

MAYER-SCHÖNBERGER postuliert weiterhin, dass Big Data nicht nur die Privatsphäre gefährde, sondern dass sich auch die Qualität dieser Gefahr verändere, wodurch bisherige Datenschutzbestimmung ihre Effektivität verlieren und zu einem formalisierten Ritual würden [MC13]. Das Ausmaß des Eingriffs in die Privatsphäre wird BARNES zufolge meist unterschätzt, was dazu führt, dass sich viele Informationen, die Nutzer geheim halten wollen, ohne ihr Wissen bereits in den Händen von Unternehmen oder der Regierung befinden („*illusion of privacy*") [Bar06, S. 3]. Schritte zum Schutz der Privatsphäre können nach BARNES sozialer, technischer und rechtlicher Natur sein. In jedem Fall sei jedoch die Sensibilisierung der Nutzer durch proaktive Aufklärung über Datenschutz notwendig. [Bar06]

Weitere Auswirkungen auf das menschliche Verhalten resultieren aus der erhöhten Messbarkeit und Nachverfolgbarkeit des Handelns. Das Werkzeug Big Data erlaubt es Arbeitgebern in der heutigen Zeit ihre Angestellten immer mehr als Produktionsfaktoren zu behandeln. Ihre Produktivität kann somit vergleichbar zu der Wachstumsrate von Weizen oder der Eierlegerate von Hühnern getrackt werden. Diese zunehmende Transparenz und Vergleichbarkeit erhöhen so den Druck auf Mitarbeiter und erzwingen eine Anpassung des Verhaltens an geforderte Unternehmensrichtlinien und Produktivitätskennzahlen [Esp14]. Eine Gefahr dieser Entwicklung ist die Bewertung von Angestellten im Speziellen oder Menschen im Allgemeinen anhand daten-basierter Modelle ohne ein vollständiges Verständnis der Funktionsweise dieser [One16]. Dies kann dazu führen, dass statt einer realen Verbesserung der Arbeitsleistung o.Ä. vorrangig eine bessere Bewertung innerhalb des Modells angestrebt wird. Somit verschiebt sich die Zielsetzung des jeweiligen Menschen sukzessive in Richtung derer, die durch den Algorithmus als optimal angesehen wird. O'NEIL warnt daher davor, für die Algorithmen zu arbeiten, statt diese für die Menschen arbeiten zu lassen. [One16]

Insgesamt ist festzustellen, dass bereits das Bewusstsein, beobachtet oder überwacht zu werden, zu Verhaltensänderungen führen kann. Das Unwissen darüber, welche Daten erfasst und analysiert werden, wie diese in der Zukunft verwendet werden und zu welchen Rückwirkungen dies führen kann führt zu einer langsamen aber stetigen Auflösung der Privatsphäre im digitalen Raum [Sch14]. Die zunehmende Entwicklung von psychischem Stress durch ständige Unsicherheit im Umgang mit digitalen Technologien ist dabei nicht auszuschließen.

Um diesen Effekten entgegenzuwirken sind fortschrittliche, wirkungsvolle Datenschutzregulierungen nötig, die den stetigen Wettkampf um die Privatsphäre der Verbraucher eindämmen. MAYER-SCHÖNBERGER sieht dabei statt der Erzeuger vor allem die Nutzer der Daten in der Verantwortung. Diese müssen Kontrollmechanismen unterworfen werden, um ausreichende Überwachung der Vorgänge und damit Transparenz in dem Datenverarbeitungsprozess zu gewährleisten. [MC13]

3.4   Algorithmic Decision Making

Wie schon innerhalb des Kapitels 3.3 angedeutet wurde, haben auch Algorithmen selbst direkte Einflüsse auf das menschliche Verhalten. Die ihnen zugrundeliegende Programmierung ist daher von hoher Wichtigkeit für das Zusammenspiel von Menschen und digitalen Technologien. Welche zentralen Auswirkungen in diesem Kontext entstehen können, soll im Folgenden erläutert werden.

Bereits zu Anfang des Jahres 2012 wurde eine vor den Nutzern verdeckte Studie auf der sozialen Medien-Plattform Facebook durchgeführt, in der die Übertragbarkeit von Emotionen durch von Freunden veröffentlichen Inhalten überprüft wurde. Dazu wurde ohne das Wissen der jeweiligen Betroffenen ihr Facebook-Newsfeed dahingehend verändert, dass ein überproportionaler Anteil positiver beziehungsweise negativer emotionaler Inhalte angezeigt wurde. Das Experiment bewies, dass Personen, die mehr positiven bzw. negativen Postings ausgesetzt waren, die jeweilige emotionale Tendenz auch in ihren eigenen Postings widergaben. Ihr emotionaler Status wurde somit unbewusst durch die digitalen Inhalte, mit denen sie konfrontiert waren, beeinflusst. [KGH14]

Die von KRAMER et al. durchgeführte Studie zeigt deutlich, dass eine Filterung von Inhalten direkte Auswirkungen auf das Befinden von Plattform-Nutzern haben und damit auch ihr Verhalten beeinflussen kann [Sch14].

Im Gegensatz zu der experimentellen Verzerrung der Newsfeeds findet eine Algorithmen-basierte Filterung von Inhalten auf Plattformen wie Facebook durchgehen statt. Durch die Messung verschiedener Parameter wie Scroll-Geschwindigkeit, Betrachtungsdauer und Interaktionsgrad lässt sich die Reaktion eines Nutzers auf einen bestimmten Inhalt quantifizieren und analysieren. Diese fungiert wiederum als Input für den Algorithmus, welcher davon ausgehend die Filterung aller weiterer Inhalte entsprechend anpasst. Im Gegensatz zu dem journalistischen Auswahlverfahren traditioneller Informationsmedien rücken auf Plattformen wie Facebook vermehrt Nutzerreaktionen in den Fokus der Ausrichtung von Inhalten [LS18]. Abbildung 3.1 stellt den Veröffentlichungsprozess am Beispiel von SPIEGEL Online dem von Facebook gegenüber:

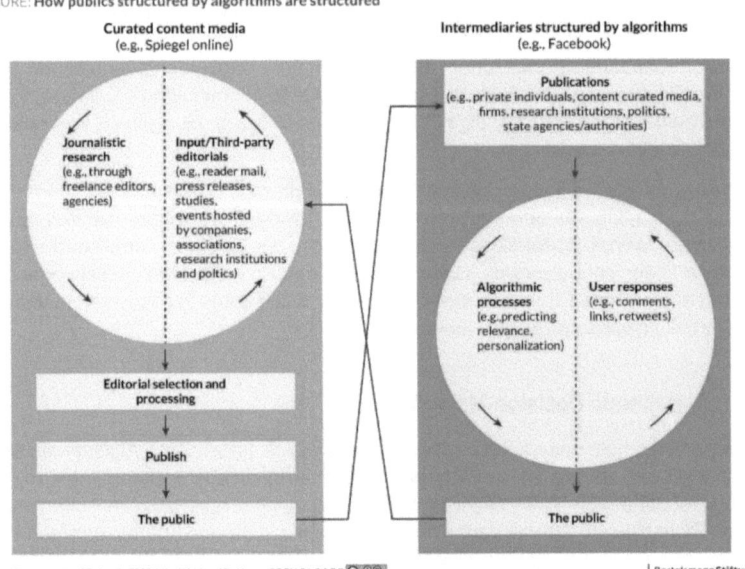

Abbildung 3.1: Organisation algorithmisch strukturierter öffentlicher Plattformen [LS18, S. 60]

Die Auswahl von Inhalten richtet sich auf algorithmisch strukturierteren Plattformen vorrangig nach der Relevanz für den jeweiligen Nutzer. Die Definition von Relevanz ist demnach von entscheidender Bedeutung bei der Programmierung der filternden Algorithmen. Dennoch variiert diese zwischen verschiedenen informationsvermittelnden Medien teilweise stark, so bedeutet „relevant" für SPIEGEL Online etwas anderes als für Facebook und für Facebook etwas anderes als für Google [LS18]. Als besonders gefährlich ist in diesem Kontext die Problematik einzustufen, dass die Entscheidungen über individuelle Relevanz vor Nutzern verdeckt ablaufen. Wie bereits in Kapitel 3.3 erläutert, sind die Annahmen, auf denen die Filtermechanismen basieren, für Nutzer intransparent. Zusätzlich unterliegen sie stetigen Anpassungen durch die Plattformbetreiber, wodurch es nahezu unmöglich wird, sie nachzuvollziehen [LS18]. Die Kriterien, nach denen Algorithmen Inhalte bewerten sind dementsprechend nicht zwingend von Vorteil für den Nutzer und für die Gesellschaft im Allgemeinen. Als Beispiel ist der Wahrheitsgehalt einer Nachrichtenmeldung zu nennen. LISCHKA argumentiert, dass dieser von verhältnismäßig geringer Bedeutung ist, da eine interessante Lüge eine höhere Reichweite erzielt als „die langweilige Wahrheit" [LS18, S. 62]. An dieser Stelle ergibt sich die Fragestellung, ob die Plattformbetreiber in der Verantwortung stehen, gewisse ethische Maßstäbe zu erfüllen und die Vertretung demokratischer Werte zu gewährleisten. Einerseits fungieren sie nur als Vermittler von Informationen, andererseits nehmen sie durch die gezielte Filterung von Inhalten eine nicht-neutrale Position ein, aus der heraus sie in den Verbreitungsprozess von Informationen aktiv eingreifen. MAYER-SCHÖNBERGER fordert daher, diese Kontrollmechanismen zu unterwerfen, um die Vorgänge zu überwachen und möglichst transparent zu gestalten [MC13].

Aus den bisher genannten Zusammenhängen ergibt sich somit, dass die algorithmischen Entscheidungsprozesse (Algorithmic Decision Making, ADM), welche für die Filterung von Inhalten verantwortlich sind, zur Meinungsbildung beitragen können [LS18]. Aufgrund der Ausrichtung von Inhalten an vorherigen positiven Bewertungen und der zunehmenden Ausblendung von gegenüberstehenden Meinungen führen die Filterungsmechanismen zu einer Unterstützung bereits vorhandener Ansichten. Da Plattformen wie Facebook gleichzeitig als soziale Netzwerke fungieren und den Aufbau von Beziehungen durch algorithmische Entscheidungen z.B. über vorgeschlagene Kontakte beeinflussen, wird so die Bildung von Interessengruppen Gleichgesinnter unterstützt. Dies kann in der Entwicklung informationeller Ghettos [Par13, S. 120] und der Förderung sozial als auch politisch extremistischer Meinungsbildung resultieren [LS18].

Auf makroskopischer Ebene ist weiterhin ist zu beachten, dass die Rückführung von Nutzerreaktionen in Filtermechanismen zwangsläufig darin resultiert, dass überproportional viele Inhalte veröffentlicht werden, die starke Reaktionen hervorrufen und somit von den Algorithmen favorisiert angezeigt werden. Da Menschen von Natur aus darauf ausgerichtet sind, besonders stimulierenden und polarisierenden Eindrücken (z.B. anstößiger, gewalttätiger oder sexueller Art) Aufmerksamkeit zu schenken, wird somit die Produktion entsprechender Inhalte begünstigt [Par13]. BOYD warnt daher vor der Ausbildung des psychologischen Äquivalents von Fettleibigkeit durch den stetig zunehmenden Konsum von nicht wohltuenden Inhalten [Par13, S. 13].

Es lässt sich schlussfolgern, dass durch die Ausrichtung von Inhalten an den jeweiligen Meinungen und Ansichten eines Individuums, dieses einer verzerrt dargestellten Realität gegenübersteht. Dies führt folglich zu einer verzerrten Wahrnehmung der digitalen Umgebung, welche wiederum in einer abgeänderten Weltsicht resultieren kann. Aus dieser

kann sich eine Veränderung des Nutzerverhaltens ergeben, wodurch langfristig die Ausbildung abweichender charakterlicher Eigenschaften des Individuums hervorgerufen
werden kann. [LS18]

Bedingt durch die indirekte Beeinflussung von Nutzern und Inhalten durch Algorithmic
Decision Making kommt es zu einer strukturellen Veränderung innerhalb der digitalen
öffentlichen Domäne [LS18]. Diese Veränderung begünstigt auch positive Nebeneffekte.
So entsteht durch die algorithmische Verstärkung von Aussagen ein neuartiges Potenzial zur politischen, gesellschaftlichen oder sozialen Mobilisierung, was beispielsweise
humanitäre Bewegungen unterstützt [LS18, S. 18].

Als Lösungsansatz zur Eindämmung der genannten potentiell schädlichen Auswirkung
schlägt LISCHKA vor, unternehmensübergreifend gültige Ethik-Standards für ADM-Sys-
teme zu definieren [LS18]. Sollten diese von legislativer Seite durchgesetzt werden,
könnte dies einen ersten Schritt zur Kontrollrückgewinnung und Ermächtigung der Nutzer darstellen. Besonders im Rahmen der Komplexität von Big Data ist eine entsprechende präventive Vorgehensweise unabdingbar.

> „We must ask difficult questions of Big Data's models of intelligibility
> before they crystallize into new orthodoxies."
> – danah BOYD & Kate CRAWFORD [BC12, S. 666]

3.5   Behavioral Manipulation

Der Begriff Behavioral Manipulation existierte bereits bevor die ersten Computer erfun-
den wurden und übersteigt somit das Alter der Thematik Big Data deutlich. Dennoch ist
eine Betrachtung dieses Aspekts speziell vor dem Hintergrund der Entwicklung neuer
Technologien relevant und potenziell erkenntnisbringend. Schon 1967 wurde Behavioral
Manipulation durch ULRICH definiert als die Veränderung der umgebenden Verhältnisse,
denen ein Organismus ausgesetzt ist, um ein vorbestimmtes Verhaltensresultat hervor-
zurufen. Dies kann die Entwicklung neuen Verhaltens, das Beibehalten bestehender
Verhaltensmuster oder auch die Eliminierung solcher umfassen [Ulr67, S. 2].

In diesem Kontext ist es von hoher Wichtigkeit, den Begriff Manipulation exakt abzugren-
zen. Dieser beschreibt lediglich den Prozess der (meist verdeckten) Einflussnahme einer
Person oder Organisation auf eine andere Person oder Personengruppe, welche sich
dieser Beeinflussung und der resultierenden Konsequenzen häufig nicht vollständig bewusst ist. Manipulation beinhaltet dabei keine wertende Komponente, es wird somit
keine Aussage darüber impliziert, ob die wirkenden Effekte die jeweiligen Betroffenen in
positiver oder negativer Weise beeinflussen [Esp14].

Behavioral Manipulation kann auf viele Weisen eingesetzt werden, die zum Allgemein-
wohl beitragen. Als Beispiel ist hier der Versuch der Verbesserung des gesundheitlichen
Zustands von aktiven und potenziellen Rauchern durch gesetzlich vorgeschriebene
Warnhinweise und Abschreckungsmaßnahmen auf Zigarettenschachteln zu nennen.
Auch die Erhöhung der Aufmerksamkeit auf schnell befahrenen Straßen durch emotional
wirksame Plakate am Straßenrand ist eine Form der Verhaltensmanipulation, die im gesellschaftlichen Interesse liegt. Da allerdings solche Manipulation, die nicht zur Verbes-

serung des Allgemeinwohls, sondern zur Durchsetzung der Ziele des Ausführenden gedacht ist, deutlich drastischere Auswirkungen nach sich ziehen kann, wird der Fokus dieses Abschnitts auf jene und ihre Gefahren gelegt.

Die Veröffentlichung von ULRICH zu Verhaltenskontrolle und -manipulation zeigt, dass bereits 1967 Bedenken bezüglich dieser Thematik bestanden. Durch die im Rahmen dieses Portfolios bereits erläuterten technologischen Fortschritte des digitalen Zeitalters hat jene Besorgnis weiter zugenommen. Unternehmen wie Facebook und Google gewinnen durch stetig steigende Nutzerzahlen Zugriff auf ein wachsendes Datenreservoir, das es Ihnen ermöglicht, ihre Macht zunehmend zur Ausübung von Kontrolle auf Nutzer einzusetzen. Eine Maßnahme, die diese Entwicklung eindämmen und Nutzern zu mehr Herrschaft über ihre Daten und Handlungen im digitalen Raum im Allgemeinen verhelfen soll, liegt in der Implementierung von fortschrittlichen und effektiven Datenschutzrichtlinien. Diese schreiben den jeweiligen Unternehmen vor, welche Handlungen ihnen gestattet und welche Praktiken zum Schutz der Verbraucher untersagt sind. Durch die Zustimmung zu den Geschäftsbedingungen derjenigen Anbieter, deren Dienstleistungen genutzt werden, signalisieren Konsumenten ihr Einverständnis mit dem Umgang jener Unternehmen mit den entsprechenden Datenschutzrichtlinien.

Dabei ist jedoch unklar, ob die Zustimmung zu Nutzungsbedingungen ausreichend ist, um „informed consent" [len18], das heißt Einverständnis auf Basis eines ausreichenden Kenntnisstands, darstellt. O. O'NEILL kritisiert vor diesem Hintergrund, dass der eigentliche Zweck von Einverständniserklärungen in der Reduzierung von Fehlverhalten, Täuschung und Nötigung liegt und somit darauf ausgerichtet sein sollte, Menschen mehr Kontrolle und Sicherheit zu bieten [len18]. Die derzeitige Entwicklung insbesondere im Rahmen digitaler Plattformen verfehle dieses Ziel nicht nur, sondern bewege sich in die entgegengesetzte Richtung. Diese Einstellung wird ebenfalls von einem lokalen Berliner Gericht geteilt, welches im Februar dieses Jahres Facebook's Umgang mit Nutzerdaten als unzulässig erklärt hat, da der Plattformbetreiber seine Nutzer nicht ausreichend über die Verwendung ihrer Informationen aufgeklärt habe [BS18]. Die Bedingungen für informed consent seien nicht erfüllt, wodurch die Standardeinstellungen von Facebook in Konflikt mit dem deutschen Verbraucherrecht stünden [BS18].

Aus dieser Situation heraus entstehen zahlreiche Möglichkeiten sowohl für die Betreiber derartiger Plattformen als auch für dritte Parteien, die bewusste Kontrolle der Nutzer über ihr digitales Umfeld zu reduzieren und mittels gezielter Präsentation von Informationen Einfluss auf diese auszuüben. Durch die Sammlung und Analyse online verfügbarer Daten („political cookies" [One16]) und die gezielte Abstimmung personalisierter Beiträge auf jene ist es nachweislich möglich, menschliche Entscheidungen zu beeinflussen [len18]. Eine der prominentesten Formen solcher Vorgehensweisen wird als politisches Micro-targeting bezeichnet. Darunter ist die spezielle Ausrichtung der Inhalte politischer Kampagnen auf einzelne Wähler zu verstehen, welche dem Zweck dient, diese unbewusst zur Zustimmung zu verleiten und letztendlich als Wähler zu gewinnen. Dies kann durch anhand von Nutzerdaten erstellter Persönlichkeitsprofile erreicht werden, welchen die individuellen Ausprägungen unterschiedlicher charakterlicher Eigenschaften zugeordnet werden. Diese bilden die Entscheidungsgrundlage dafür, welche politischen Nachrichten den potenziellen Wähler am wahrscheinlichsten dazu bewegen, mit der agierenden politischen Instanz zu sympathisieren. Auf diese Weise ist es politischen

Akteuren sogar möglich, durch gezielte Platzierung mehrere konfligierende Meinungen zu einer Fragestellung gleichzeitig zu vertreten, um somit bei einem vergrößerten Spektrum der wahlberechtigten Bevölkerung auf Akzeptanz zu treffen. [GK18] [One16]

Die Firma, welche dieses Vorgehen als erste erfolgreich im politischen Wahlkampf etablierte, ist britischer Herkunft und agiert unter dem Namen Cambridge Analytica. Sie rechnen sich selbst einen „grundlegenden Beitrag" [GK18] zum Wahlsieg von Donald J. Trump bei den amerikanischen Präsidentschaftswahlen im Jahr 2016 zu. Zuvor waren sie bereits an dem starken Zuwachs der Unterstützung des republikanischen Präsidentschaftskandidaten Ted Cruz sowie der Brexit-Entscheidung beteiligt. Ihre Kernkompetenz besteht in dem oben beschriebenen Verfahren des neuartigen Politmarketings, dem sogenannten *Micro-targeting* auf Basis psychologischer Persönlichkeitsprofile, die ohne die zugrundeliegenden Datenmengen nicht in dieser Form realisierbar wären. [GK18]

Der nachweislicher Erfolg dieser Big-Data-unterstützten politischen Kampagnen birgt offensichtlich große Gefahren für Individuen und die Gesellschaft im Allgemeinen. Durch den wachsenden Einfluss von Akteuren wie Cambridge Analytica, die sich Werkzeuge wie gesponserte Beiträge auf Facebook zunutze machen, auf die Informationslage von Wählern wird deren politische Unvoreingenommenheit erheblich eingeschränkt. Die individuelle Meinungsbildung auf Basis neutraler Medien wird durch die stetige Konfrontation mit effektiven, personalisierten Beiträgen deutlich erschwert, da diese unbewusste Einflussnahme Auswirkungen auf die persönlichen Sichtweisen der Betroffenen nach sich zieht. Solange diese sich des Umfangs der Beeinflussung nicht hinreichend bewusst sind, ist es Ihnen nur schwer möglich, korrigierende Maßnahmen, wie zum Beispiel den Umstieg auf differenziertere Informationsplattformen, zu ergreifen. Als besonders gefährdend ist in diesem Kontext somit die weitreichende Unwissenheit der Bevölkerung über die gezielte Manipulation durch politische Agenten einzustufen. Neben der Informationsfreiheit wird auch der Demokratiegedanke selbst durch dieses Handeln gefährdet. Eine von der Realität abweichende Informationsbasis kann dazu führen, dass Menschen ihr Wahlrecht nicht mehr völlig frei ausüben können, da sie nur noch eingeschränkt dazu in der Lage sind, ihre Standpunkte mit denen eines politischen Kandidaten oder einer Partei zu vergleichen und sich bei ihrer Wahlentscheidung daran zu orientieren. [One16]

Auch MAYER-SCHÖNBERGER stimmt der Aussage zu, dass Big Data bereits heute viele unserer „Lebensbereiche und Denkweisen" verändere [MC13, S. 216]. Neben den bereits beschriebenen Konsequenzen der gezielten Manipulation treten auch Nebeneffekte auf, die betrachtet werden sollten. So können manipulierende Institutionen selbst die Auswirkungen ihrer Aktionen auf das menschliche Verhalten nicht mit Sicherheit vorhersagen. Die zugrundeliegenden Algorithmen werden eingesetzt, ohne mögliche Folgen zu betrachten. Dieses unsichere Vorgehen kann dazu führen, dass Imperfektionen wie Fehler und Lücken in datengetriebenen Modellen oft nicht erkannt werden und so zu erheblichen Schäden bei einzelnen Individuen führen können. Da diese jedoch statistisch meist nicht relevant sind, wird die Sicherheit der Algorithmen weiter überschätzt. Folgen, wie zum Beispiel die Extremisierung einzelner konservativ eingestellter Bürger durch stetige Manipulation ihrer Wahrnehmung bis hin zu dem Empfinden akuter Terrorbedrohung, werden als Kollateralschäden oder mit der Begründung „no statistical system can be perfect" [One16, S. 21] abgetan. Es ist somit von hoher Wichtigkeit, solch ein-flussreichen Vorgehensweisen mit Vorsicht und „einem hohen Maß an Demut" [MC13, S. 248] gegenüber zu stehen und ihre potenziellen Auswirkungen zu bedenken.

"There's no bad data, only bad uses of data"

- Craig MUNDIE, Senior Advisor, Microsoft [Loh13]

4   Zusammenfassung und Ausblick

Anhaltender technischer Fortschritt im Bereich digitaler Technologien ermöglicht es, immer größere, komplexere und wertvollere Daten zu sammeln, zu analysieren und für verschiedenste Zwecke zu verwenden. Dieses Datenangebot wirkt sich auf nahezu alle Lebensbereiche aus: In der Wissenschaft eröffnen sich neue Ansätze, die das aus den Daten gewonnene Wissen als intrinsischen Wert sehen und ihre Forschung darauf stützen können. Unternehmen und politische Instanzen hingegen verwenden jenes Wissen als Mittel zum Zweck, um Verhaltensveränderungen in Menschen zu induzieren. So zielen personalisierte Werbungen und Kaufanreize darauf ab, das Konsumverhalten anzuregen und so Profitsteigerungen zu erreichen. *Micro-targeting* auf Basis persönlicher Daten dient dem Zweck der Überzeugung von Wählern, um politische Wahlen und damit an Einfluss zu gewinnen. Beiden Praktiken liegt eine Form des Social Profiling zugrunde, in der Menschen algorithmisch in Persönlichkeitsprofile eingeordnet werden, wodurch Rückschlüsse über ihr zu erwartendes Verhalten getroffen werden können. Risiken bestehen dabei in der Bildung von *filter bubbles* und *echo chambers*, in denen vorhandenes Verhalten der betroffenen Menschen verstärkt und der Diskurs von Meinungen eingeschränkt wird. Dies kann zur Einschränkung der Informationsfreiheit und damit zur Gefährdung der Demokratie führen. Auch die persönliche Privatsphäre gerät durch den Drang nach mehr Sicherheit unter Druck und verhilft Arbeitgebern, digitalen Plattformanbietern und dem Staat zu mehr Kontrolle und Überwachungsmöglichkeiten. Eine zusätzliche Problematik entsteht aus der steigenden Relevanz von Algorithmen, die Entscheidungen für und über Menschen treffen und die digitale Umgebung, in der sie verwendet werden, nachhaltig prägen.

Eine einheitliche Lösung zu den geschilderten Problemen wird nicht zu finden sein, allerdings liefern diverse Autoren der Fachliteratur Ansätze, um den derzeitigen Entwicklungen entgegenzuwirken. BARNES teilt die Handlungsmaßnahmen zum Schutz der Privatsphäre und persönlichen Integrität in soziale, technische und rechtliche ein und fordert gleichzeitig mehr proaktive Aufklärung über Datenschutz, um das Bewusstsein der Nutzer digitaler Technologien zu erhöhen [Bar06]. MAYER-SCHÖNBERGER sieht die Aufgabe darin, den Fortschritt der Technologie zu fördern und gleichzeitig die einhergehenden Risiken zu erkennen und zu kontrollieren um sicherzustellen, dass „Big Data nicht die menschliche Fähigkeit übersteigt, diese Technologie zu gestalten" [MC13, S. 232]. Es sei ein Umdenken hin zu einer „Big-Data-Einstellung" [MC13, S. 241] nötig, um die Kontrolle über die Macht, die aus dieser Technologie resultiert, nicht in falsche Hände zu geben.

Insgesamt ist im Rahmen der wissenschaftlichen Fragestellung, inwiefern Big Data das menschliche Bewusstsein unbewusst beeinflusst, kritisch zu betrachten, ob das Ausmaß dieser Einflussnahme in seinem vollen Umfang festgestellt werden kann. Gerade aufgrund der Tatsache, dass die Effekte auf menschliches Verhalten zu großen Teilen unbewusst ablaufen, lässt sich nicht mit Sicherheit sagen, dass alle Risiken bereits aufgedeckt sind. Vielmehr ist von der Existenz weiterer Verhaltensänderungen durch Big Data auszugehen, welche bedingt durch die hohe Komplexität der Thematik weiter im Verborgenen liegen. Gleichzeitig ist fraglich, ob ein Entzug aus dieser Problemstellung, auch bezeichnet als *„opt out"* [MC13, S. 196], überhaupt möglich ist, da trotz eigener Enthaltung aus digitalen Technologien ein indirekter Einfluss durch Mitmenschen und die sich im Zuge von Big Data verändernde Gesellschaft im Allgemeinen wirkt.

Letztlich gilt es, effektive Maßnahmen zu etablieren, um Risiken und negative Auswirkungen zu kontrollieren oder gänzlich zu verhindern und gleichzeitig das enorme Potenzial dieser Technologie in Nutzen umzuwandeln. Big Data ist somit abschließend wie Prometheus' Feuergabe zu betrachten: Es kann als Basis für eine fortschrittlichere, aufblühende Welt fungieren oder den Grundstein für die Entwicklung einer dystopischen Diktatur der Daten legen [Pen13]. Es liegt an der Menschheit, den richtigen Weg einzuschlagen.

5   Literaturverzeichnis

[Bar06]   BARNES, S.: A privacy paradox – Social networking in the United States. First Monday, Volume 11, Number 9, 2006

[BC12]   BOYD, D. & CRAWFORD, K.: Critical Questions For Big Data - Provocations for a cultural, technological, and scholarly phenomenon. Information, Communication & Society, 15:5, 662-679, 2012

[Ben18]   BENDEL, O.: Big Data, Gabler Wirtschaftslexikon, Definitionen, https://wirtschafts-lexikon.gabler.de/definition/big-data-54101/version-277155, zuletzt aufgerufen am 07.08.2018

[BS18]   BUSEMANN, H.-E. et al.: German court rules Facebook use of personal data illegal. REUTERS Business News. https://reut.rs/2BRwF6t, zuletzt aufgerufen am 12.08.2018

[DGG16]   DE MAURO et al.: A formal definition of Big Data based on its essential features", Library Review, Vol. 65 Ausgabe 3, 2016

[Esp14]   ESPOTI, D.: When big data meets dataveillance: The hidden side of analytics. Surveillance & Society 12(2): 209-225, 2014

[Fuc13]   FUCHS, C.: Privacy and Security in Europe. The Privacy & Security Research Paper Series. Issue #6. University of Westminster, UK, 2013

[Gar13]   GARTNER INC.: Gartner's 2013 Hype Cycle for Emerging Technologies Maps Out Evolving Relationship Between Humans and Machines. https://www.gartner.com/newsroom/id/2575515, zuletzt aufgerufen am 16.07.2018

[Gar14]   GARTNER INC.: Gartner's 2014 Hype Cycle for Emerging Technologies Maps the Journey to Digital Business. https://www.gartner.com/newsroom/id/2819918, zuletzt aufgerufen am 16.07.2018

[GH14]   GANDOMI et al.: Beyond the hype - Big data concepts, methods, and analytics, International Journal of Information Management 35, S. 137–144, 2014

[GK18]   GRASSEGGER, H. et al.: «Ich habe nur gezeigt, dass es die Bombe gibt». Tages-anzeiger International. https://www.tagesanzeiger.ch/ausland/europa/Ich-habe-nur-gezeigt-dass-es-die-Bombe-gibt/story/17474918, zuletzt aufgerufen am 13.08.2018

[Ien18]   IENCA, M.: Cambridge Analytica and Online Manipulation. Scientific American – Observations. https://blogs.scientificamerican.com/observations/cambridge-ana-lytica-and-online-manipulation/, zuletzt aufgerufen am 11.08.2018

[KGH14]   KRAMER et al.: Experimental evidence of massive-scale emotional contagion through social networks. Proceedings of the National Academy of Sciences 111 (24): 8788-8790, 2014

[Lan14]   LANIER, J.: Jaron Lanier's Big Data, 17.11.2014. https://youtu.be/aQif3sLj-Ls, zuletzt aufgerufen am 19.07.2018 [Loh13] LOHR, S.: Big Data Is Opening Doors, but Maybe Too Many. New York Times. https://www.nytimes.com/2013/03/24/technology/big-data-and-a-renewed-debate-over-privacy.html?pagewanted=all&, zuletzt aufgerufen am 11.07.2018

[Loh13]   LOHR, S.: Big Data Is Opening Doors, but Maybe Too Many. New York Times. https://www.nytimes.com/2013/03/24/technology/big-data-and-a-renewed-debate-over-privacy.html?pagewanted=all&, zuletzt aufgerufen am 11.07.2018

[LS18]   LISCHKA et al.: The Digital Public, How algorithmic processes influence social discourse, Working paper, Bertelsmann Stiftung, 2018

[MC13]   MAYER-SCHÖNBERGER et al.: Big Data – Die Revolution die unser Leben verändern wird. Redline Verlag. 1. Auflage, 2013

[One16]   O'NEIL, C.: Weapons of math destruction: how big data increases inequality andthreatens democracy. First edition. Crown Publishers, 2016

[Par13]   PARISER, E.: The Filter Bubble – What the Internet Is Hiding from You. The Penguin Press. New York, 2013

[Pen13]   PENTLAND, A.: The data-driven Society. Scientific American - Information Technology, 2013

[Sch14]   SCHRÖDER, R.: Big Data and the brave new world of social media research. Big Data & Society 1-11, 2014

[SSS+12]   SCHROECK et al.: Analytics - The real-world use of big data. How innovative enterprises extract value from uncertain data, 2012

[Sta12]   STANLEY, J.: The Potential Chilling Effects of Big Data. ACLU. https://www.aclu.org/blog/privacy-technology/potential-chilling-effects-big-data?redirect=blog/technology-and-liberty/potential-chilling-effects-big-data, zuletzt aufgerufen am 11.07.2018

[TP13]   TENE et al.: Big Data for All - Privacy and User Control in the Age of Analytics. Northwestern Journal of Technology and Intellectual Property. Volume 11, Issue 5, Article 1, 2013

[Tur11]   TUROW, J.: The Daily You - how the new advertising industry is defining your identity and your worth. Library of Congress Cataloging-in-Publication Data, 2011

[Ulr67]   ULRICH, R.: Behavior Control and Public Concern. Western Michigan University. The Psychological Record, 17, 229-234. 1967